Iris A. Viola
BLÜTENWALD
Notizbuch

Format: 60 Seiten, 14,8x21 cm; 90 g/m2

Bibliografische Information der Deutschen Nationalbibliothek:
Die Deutsche Nationalbibliothek verzeichnet diese Publikation in der
Deutschen Nationalbibliografie;
detaillierte bibliografische Daten sind im Internet über http://dnb.dnb.de abrufbar.

Herstellung und Verlag: BoD – Books on Demand, Norderstedt

ISBN: 9783750434196

Weitere Notizbücher von Iris A. Viola aus der Blüten – Notizbuchreihe:

Blütenfantasie	Blütenwelt	Blütenernte	Blütenrot
Blütenknospen	Blütenfreude	Blütenfest	Blütentraum
Blütenspiel	Blütenwelt	Blütenpracht	Blütenrausch
Blütentempel	Blütenblau	Blütenwald	Blütenmagie

Blütenzauber   Blütenrosa   Blütengeflecht   Blütenfrucht

Blütenkunst   Blütenmeer